Lena Fuchs

# Mützen, Schals, Handschuhe

AUGUSTUS

# Inhalt

# Fingerhandschuhe – kinderleicht gestrickt

*Fingerhandschuhe sind viel einfacher zu stricken, als es aussieht. Bestimmen Sie zunächst die richtige Größe, indem Sie den Handumfang oberhalb des Daumens messen (siehe Zeichnung auf Seite 5). Die entsprechende Größe finden Sie in der Tabelle auf Seite 5.*

Handschuhe werden meist in Runden gestrickt und am Bündchen begonnen. Am einfachsten ist das abwechselnd 1 Masche rechts, 1 Masche links (siehe Foto) oder 2 Maschen rechts, 2 Maschen links gestrickte Rippenmuster. Schlagen Sie die entsprechende Maschenzahl an und verteilen Sie die Maschen auf 4 Nadeln (bei einer nicht durch 4 teilbaren Maschenzahl nehmen Sie jeweils eine Masche mehr auf die 2. und 4. Nadel). Stricken Sie im Bündchenmuster oder entsprechend den Angaben zu Ihrem Modell bis zum Beginn des Daumenzwickels. Achtung! Das Bündchen darf weder zu kurz noch zu eng sein. Schlagen Sie die Maschen deshalb mit 2 Nadeln an und stricken Sie mindestens 6 cm hoch. Wenn das Bündchen umgeschlagen werden soll, darf es auch 10 bis 12 cm lang sein.

Für den Daumenzwickel stricken Sie nach der 2. Masche der 3. Nadel 1 Masche aus dem Querfaden heraus. In der folgenden 3. Runde vor und nach dieser Masche je 1 Masche zunehmen. Das Zunehmen noch 5 x in jeder 3. Runde, dann in jeder 2. Runde wiederholen, bis die in der Tabelle genannte Maschenzahl erreicht ist (Daumenzwickel-Maschenanzahl). Die Zwickelmaschen auf einer Sicherheitsnadel stilllegen.

Über den Zwickelmaschen 2 oder 4 Maschen zunehmen (siehe Tabelle) und gerade hoch stricken. Ist die angegebene Länge von Handgelenk bis kleiner Finger erreicht, für den kleinen Finger die entsprechenden Maschen (siehe Tabelle) auf einer Sicherheitsnadel stilllegen. Für den Spann zwischen dem kleinen Finger und dem Ringfinger 2 Maschen neu anschlagen und 2 Runden stricken. Für den Ringfinger die Maschen auf einer Sicherheitsnadel stilllegen. Für den Spann 2 Maschen neu anschlagen und 2 Runden stricken. Für den Mittelfinger die Maschen auf einer Sicherheitsnadel stilllegen. Für den Spann 2 Maschen neu anschlagen.

Den Zeigefinger über die restlichen Maschen in der entsprechenden Länge gerade hoch stricken, dann die Spitze arbeiten: Fortlaufend 2 Maschen stricken, 2 Maschen zusammenstricken. Die letzten 4 Maschen auf einen Faden ziehen und vernähen. Auf die gleiche Weise werden die Spitzen aller Finger einschließlich des Daumens gestrickt.

Für Mittelfinger, Ringfinger und kleinen Finger jeweils die stillgelegten Maschen sowie 2 Maschen aus dem Spann auffassen und entsprechend lang stricken

(siehe Tabelle). Für den Daumen die stillgelegten Maschen sowie 2 beziehungsweise 4 Maschen aus dem Spann auffassen.

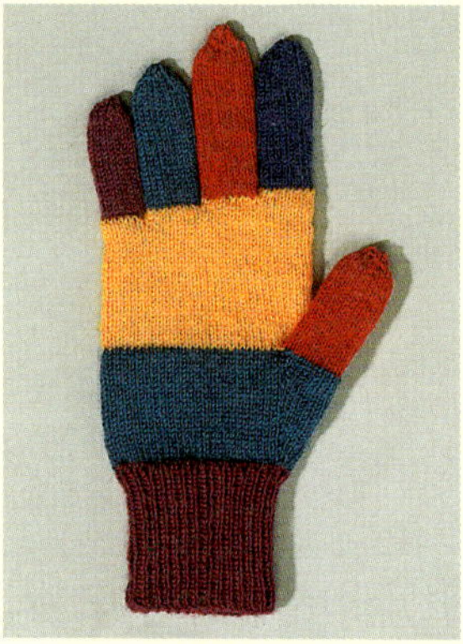

Den Daumen gemäß den Angaben in der Tabelle stricken und die Spitze arbeiten, wie beim Zeigefinger beschrieben.

Den linken Handschuh gegengleich stricken, also nach der in der Tabelle genannten Masche der 2. Nadel 1 Masche verschränkt aus dem Querfaden herausstricken.

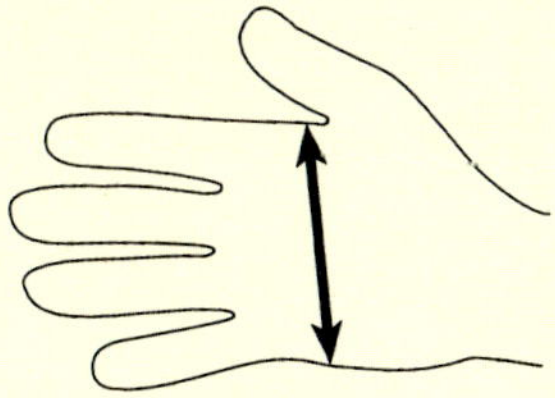

## Fingerhandschuhe

aus Garn mit einer Lauflänge von 125 m/50 g
*(z. B. Schachenmayr Regia 6-fädig)*

| | Kinder | | Damen | | | | Herren | | |
|---|---|---|---|---|---|---|---|---|---|
| **Größe** | **5 ½** | **6** | **6 ½** | **7** | **7 ½** | **8** | **8 ½** | **9** | **9 ½** |
| Handumfang in cm | 16,5 | 17 | 18 | 19 | 20 | 21,5 | 22,5 | 24 | 25,5 |
| Maschen-Anschlag | 38 | 40 | 42 | 44 | 46 | 50 | 52 | 54 | 58 |
| Daumenzwickel, nach der ... Masche der 2. Nadel 1 Masche zunehmen | 8. | 8. | 9. | 9. | 10. | 11. | 11. | 12. | 13. |
| Daumenzwickel-Maschenanzahl | 13 | 13 | 13 | 15 | 15 | 15 | 17 | 17 | 17 |
| Zunahmen nach Daumenzwickel | 2 | 2 | 2 | 2 | 2 | 2 | 2 | 2 | 2 |
| Handumfangmaschen | 40 | 42 | 44 | 46 | 48 | 52 | 54 | 56 | 60 |
| Länge in cm von Gelenk – kleiner Finger | 9 | 9,5 | 10 | 10,5 | 10,5 | 11 | 11 | 11,5 | 11,5 |
| kleiner Finger, je ... Maschen der 1. und 4. Nadel stilllegen | 4 | 4+5 | 5 | 5 | 5+6 | 6 | 6 | 6+7 | 7 |
| 2 Maschen für den Spann auffassen und über ... Maschen 2 Runden stricken | 34 | 35 | 36 | 38 | 39 | 42 | 44 | 45 | 48 |
| Ringfinger, 2 Spann-Maschen und beidseitig je ... Maschen stilllegen | 5 | 5 | 6+5 | 5+6 | 6+5 | 7+6 | 7+6 | 7 | 7+8 |
| 2 Maschen für den Spann auffassen und über ... Maschen 1 Runde stricken | 24 | 25 | 25 | 27 | 28 | 29 | 31 | 31 | 33 |
| Mittelfinger, 2 Spann-Maschen und beidseitig je ... Maschen stilllegen | 5 | 5+6 | 5+6 | 6 | 6 | 6+7 | 7 | 7 | 8+7 |
| 2 Maschen für den Spann und über ... Maschen den Zeigefinger stricken | 14 | 14 | 14 | 15 | 16 | 16 | 17 | 17 | 18 |
| Zeigefinger bis zur Spitze in cm | 5 | 5,5 | 6 | 6 | 6 | 6,5 | 6,5 | 7 | 7 |
| Mittelfingermaschen | 14 | 15 | 15 | 16 | 16 | 17 | 18 | 18 | 19 |
| Mittelfinger bis zur Spitze in cm | 5,5 | 6 | 6,5 | 6,5 | 6,5 | 7 | 7 | 7,5 | 7,5 |
| Ringfingermaschen | 14 | 14 | 15 | 15 | 15 | 17 | 18 | 18 | 19 |
| Ringfinger bis zur Spitze in cm | 5 | 5,5 | 6 | 6 | 6 | 6,5 | 6,5 | 7 | 7 |
| Kleinfingermaschen | 10 | 11 | 12 | 12 | 13 | 14 | 14 | 15 | 16 |
| kleiner Finger bis zur Spitze in cm | 3,5 | 4 | 4,5 | 4,5 | 4,5 | 5 | 5 | 5,5 | 5,5 |
| Daumenmaschen | 15 | 15 | 15 | 15 | 17 | 17 | 19 | 19 | 19 |
| Daumen bis zur Spitze in cm | 4 | 4,5 | 5 | 5 | 5 | 5,5 | 5,5 | 6 | 6 |

# Schwarzweiße Kombination für Damen

Mütze: ca. 56 cm Kopfumfang
Marktfrauenhandschuhe: Größe nach Wunsch

***Die flotte schwarzweiße Mütze ergänzt Anorak oder Jacke in kräftigen Farben perfekt. Und wer auch bei Kälte noch Wert auf »Fingerspitzengefühl« legt, strickt sich die passenden Marktfrauenhandschuhe dazu.***

### Das wird gebraucht

Für die Mütze:
je 50 g *Schachenmayr Regia 6-fädig* (LL 125 m/50 g), schwarz (Fb 2066) und schwarzweiß (Fb 2068)
Für die Fingerhandschuhe:
100 g *Schachenmayr Regia 6-fädig*, schwarz (Fb 2066)
Nadelspiel Nr. 3,5

### Maschenprobe

26 Maschen/30 Runden im Grundmuster = 10 x 10 cm

### Strickmuster

**Rippenmuster** (Mütze): 2 Maschen rechts, 2 Maschen links im Wechsel stricken.
**Perlmuster** (Mütze): 1 Masche links, 1 Masche rechts im Wechsel stricken. Die Maschen nach jeweils 2 Runden versetzen.
**Grundmuster** (Mütze): * 6 Maschen Rippenmuster, 11 Maschen Perlmuster stricken. Ab * fortlaufend wiederholen.
**Bündchenmuster** (Fingerhandschuhe): 1 Masche rechts, 1 Masche links im Wechsel stricken.
**Glatt rechts:** In Runden alle Maschen rechts stricken.

## So wird's gemacht

### Mütze

120 Maschen mit dem Nadelspiel Nr. 3,5 in Schwarzweiß anschlagen (= 30 Maschen pro Nadel) und im Rippenmuster stricken. Nach 33 Runden (= 10 cm ab Anschlag) zu Schwarz wechseln und 1 Runde rechte Maschen stricken. Anschließend im Grundmuster weiterstricken, dabei in der 1. Runde 1 Masche abnehmen (= 119 Maschen). Nach 34 Runden (= 10 cm Grundmuster) für die Spitze jede 1. Masche des Perlmusters mit der Masche danach, jede letzte

Masche des Perlmusters mit der Masche davor mustergemäß zusammenstricken. Diese Abnahmen noch 4 x jeweils in der 6. folgenden Runde wiederholen (= 49 Maschen). Dann wechselnd 1 Masche Perlmuster und 6 Maschen Rippenmuster stricken. Jeweils in der 2. folgenden Runde die 2 linken Maschen jeder Links-Rippe links, die 2 rechten Maschen jeder Rechts-Rippe rechts zusammenstricken. Die übrigen 7 Maschen mit doppeltem Arbeitsfaden zusammenziehen und den Faden vernähen.

Aus dem schwarzweißen Garn eine Quaste anfertigen (siehe Seite 20). 6 Fäden von etwa 30 cm Länge in Schwarzweiß zuschneiden, zur Hälfte zusammenlegen und zum Zopf flechten und die Enden verknoten. Das verknotete Ende in die Spitze der Mütze ziehen und dort annähen. Am anderen Ende die Quaste annähen.

## Fingerhandschuhe ohne Fingerspitzen

Arbeiten Sie die Marktfrauenhandschuhe in Schwarz nach der Anleitung für Fingerhandschuhe (Seite 3/4) und nach der Größentabelle auf Seite 5. Allerdings stricken Sie die Handschuhfinger ohne Spitzen, sondern ketten nach etwa 4 cm Fingerhöhe alle Maschen ab.

# Baskenmütze mit Jacquard-Rand und Fingerhandschuhe

Mütze: ca. 56 cm Kopfumfang
Fingerhandschuhe: Größe 6 und 7 1/2

***Extravagant wirkt die klassische Baskenmütze in einer Kombination aus flauschigem und glattem Garn in Rot. Handschuhe mit Jacquardbordüre komplettieren das Set.***

### Das wird gebraucht

**Für die Mütze:**
100 g *Schachenmayr Mohana* (LL 100 m/50 g), kirsche (Fb 31)
je 50 g *Schachenmayr Universa* (LL 125 m/50 g), kirsche (Fb 31) und ecru (Fb 02)
**Für die Handschuhe:**
50 g *Schachenmayr Universa*, kirsche (Fb 31); Rest ecru
Nadelspiel Nr. 3 – 4
Rundstricknadeln Nr. 3 – 4 in verschiedenen Längen

### Maschenprobe

17 Maschen/26 Runden glatt rechts mit *Mohana* = 10 x 10 cm
22 Maschen/30 Runden glatt rechts mit *Universa* = 10 x 10 cm

### Strickmuster

**Glatt rechts:** In Runden alle Maschen rechts stricken.

### So wird's gemacht

#### Mütze

112 Maschen mit einer Rundstricknadel Nr. 3 – 4 und *Universa* in Kirsche anschlagen und für den doppelten Rand 9 Runden glatt rechts, 1 Runde linke Maschen für den Bruch und 9 Runden Jacquardbordüre nach Zählmuster stricken. Glatt rechts mit *Mohana* weiterstricken, dabei in der 8. Runde und in der 18. Runde verteilt je 8 Maschen

zunehmen (= 128 Maschen). Nach 11 cm (28 Runden) ab dem Rand jede 16. Masche markieren und mit der Masche davor rechts zusammenstricken (= 120 Maschen). Noch 4 x in jeder 3. Runde, dann 7 x in jeder 2. Runde und 3 x in jeder Runde jede markierte Masche mit der Masche davor rechts zusammenstricken (= 8 Maschen). Mit diesen 8 Maschen noch 2 cm glatt rechts stricken, dann die Maschen mit doppeltem Faden fest zusammenziehen. Den Faden vernähen. Den Rand bis zur Bruch-Runde nach innen umlegen und annähen.

**Jacquardmuster** (Handschuhe): Glatt rechts nach Zählmuster 1 x die 1. – 21. Runde stricken.

**Jacquardbordüre** (Mütze): Glatt rechts in Jacquardtechnik 1 x die 1. – 9. Runde nach Zählmuster stricken, dabei den Rapport zwischen den Doppelpfeilen stets wiederholen.

**Bündchenmuster** (Handschuhe): 1 Masche rechts, 1 Masche links im Wechsel stricken.

### Zählmuster

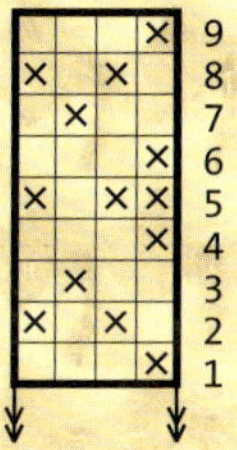


### Zeichenerklärung

☐ = 1 Masche in Kirsche

☒ = 1 Masche in Ecru

### Fingerhandschuhe

Die Angaben für Größe 6 stehen vor dem Schrägstrich, die für Größe 7 1/2 dahinter. Steht nur eine Angabe, so gilt sie für beide Größen.
Für den rechten Handschuh 36/44 Maschen in Kirsche anschlagen und für das Bündchen 5 Runden im Bündchenmuster und 21 Runden im Jacquardmuster stricken, dabei den Rapport zwischen den Doppelpfeilen stets wiederholen. Die Mittelhand entsprechend der Anleitung auf Seite 3/4 und der Tabelle auf Seite 5 glatt rechts stricken. Für den Daumenzwickel 10/14 Maschen zunehmen, für den Daumensteg 5 Maschen neu anschlagen. Nach ca. 8,5/9,5 cm Mittelhandhöhe die Finger glatt rechts arbeiten (siehe Seite 3 – 5): Den kleinen Finger über 12/14 Maschen, den Ringfinger, den Mittelfinger und den Zeigefinger über je 16/18 Maschen glatt rechts stricken. Zum Schluss den Daumen über 16/20 Maschen glatt rechts stricken.
Den linken Handschuh gegengleich stricken.

### Zählmuster

| | | | | |
|---|---|---|---|---|
| | | | | 21 |
| | | | | 20 |
| | × | | | 19 |
| × | × | × | | 18 |
| | × | | | 17 |
| × | × | × | × | 16 |
| | | | × | 15 |
| × | | × | | 14 |
| | × | | | 13 |
| | | | × | 12 |
| × | | × | × | 11 |
| | | | × | 10 |
| | × | | | 9 |
| × | | × | | 8 |
| | | | × | 7 |
| × | × | × | × | 6 |
| | × | | | 5 |
| × | × | × | | 4 |
| | × | | | 3 |
| | | | | 2 |
| | | | | 1 |

### Zeichenerklärung

☐ = 1 Masche in Kirsche

☒ = 1 Masche in Ecru

# Gut behütet im Landhausstil

***Der Damenhut mit Edelweiß-Applikation und die schicke Herrenmütze im beliebten Landhausstil fallen garantiert positiv auf. Dazu gibt's ein Paar rustikale Fausthandschuhe mit Edelweißblüte und Silberknopf.***

## Damenhut und Fausthandschuhe

Hut: ca. 56 cm Kopfweite
Fausthandschuhe: Einheitsgröße

### Das wird gebraucht

**Für Hut und Handschuhe:**
200 g *Schachenmayr Trachtenwolle* (LL 185 m/100 g), email meliert (Fb 98) und ein Rest wollweiß (Fb 02)
200 g *Schachenmayr Kent* (LL 100 m/ 50 g), marmor tweed (Fb 82)
Stricknadeln Nr. 5 – 6
Nadelspiel Nr. 4
Häkelnadeln Nr. 3,5 und 5
Sticknadel Nr. 18 ohne Spitze
2 Silberknöpfe (*Fellmann*, Art. 15841)

## Maschenprobe

14 Maschen/24 Reihen oder Runden kraus rechts mit *Trachtenwolle* (doppelter Faden, Nadeln Nr. 5 – 6) = 10 x 10 cm
20 Maschen/30 Reihen oder Runden glatt rechts mit *Kent* (Nadeln Nr. 4) = 10 x 10 cm

## Strickmuster

**Bündchenmuster:** 2 Maschen rechts, 2 Maschen links im Wechsel stricken.
**Kraus rechts:** Jede Reihe rechts stricken.
**Glatt rechts:** In Reihen in Hinreihen rechte, in Rückreihen linke Maschen stricken. In Runden nur rechte Maschen stricken.

## So wird's gemacht

### Hut

80 Maschen mit Nadeln Nr. 5 – 6 und doppeltem Faden in Email anschlagen, 13 cm in Reihen kraus rechts stricken. Alle Maschen abketten. Die Naht schließen.
Für das Oberkopfteil mit der Häkelnadel Nr. 5 und doppeltem Faden in Marmor 3 Luftmaschen häkeln, mit 1 Kettmasche zum Ring schließen. In den Kreis 10 Stäbchen häkeln (die Runde anstelle des Stäbchens mit 3 Luftmaschen beginnen und mit 1 Kettmasche in die 3. Luftmasche beenden). In der 2. Runde 20, in der 3. Runde 40, in der 4. Runde 60 und in

der 5. Runde 80 Stäbchen häkeln. Zum Schluss das Teil mit Kettmaschen an den kraus gestrickten Ring, 1 Reihe unterhalb der Abkettreihe, häkeln.
Auf den unteren Rand mit der Häkelnadel Nr. 5 und doppeltem Faden je 1 Runde feste Maschen in Marmor und Email, dann 1 Runde Krebsmaschen in Marmor häkeln. Über der Naht die halbe Edelweißblüte entsprechend der Vorlage in Wollweiß und Marmor mit Kettenstichen aufsticken.

### Fausthandschuhe

Für den linken Handschuh mit einfachem Faden in Marmor auf dem Nadelspiel Nr. 4 40 Maschen anschlagen (= 10 Maschen pro Nadel). Rundenwechsel ist in der Innenhandmitte. In Runden 7 cm im Bündchenmuster und 8 cm glatt rechts stricken.
Für den Daumenzwickel die vorletzte Masche der 1. Nadel markieren und beidseitig dieser Masche je 1 Umschlag arbeiten. Die Umschläge in der folgenden Runde rechts verschränkt stricken. Diese Zunahmen noch 6 x in jeder 2. Runde wiederholen, dabei die neuen Umschläge jeweils außerhalb der vorherigen Umschläge arbeiten (= 15 Maschen für den Zwickel). Diese 15 Zwickelmaschen stilllegen, dazwischen 5 Maschen neu anschlagen (= 44 Maschen für die Hand). In Runden weiterarbeiten und über den 5 Maschen Abnahmen arbeiten: In der 2. Runde die 1. Masche rechts abheben, die 2. Masche rechts stricken und die abgehobene Masche

**Stickvorlage für die halbe Blüte**
(Originalgröße: ca. 15 x 10 cm)

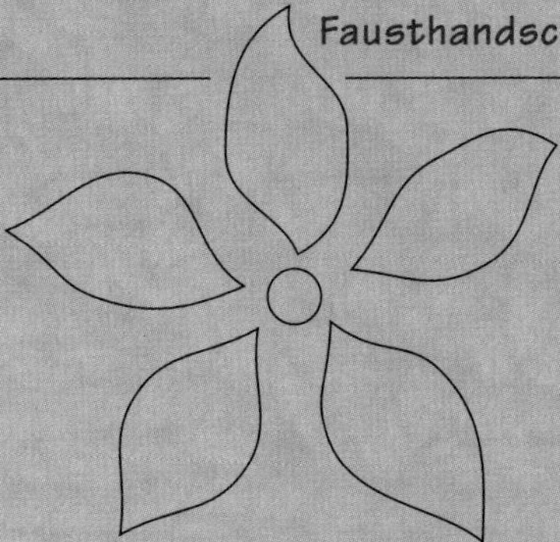

**Stickvorlage für die kleine Blüte**
(Originalgröße: ca. 6 cm Ø)

überziehen, 1 Masche rechts stricken, dann 2 Maschen rechts zusammenstricken (= 3 Zwickelmaschen). In der 4. Runde die ersten 2 Maschen zusammen wie zum Rechtsstricken abheben, die folgende Masche rechts stricken und die abgehobenen Maschen überziehen (= 40 Maschen).
Weiter gerade hoch bis in die Höhe des Zeigefingers stricken. Dann für die Abnahmen bei der 1. Nadel bis 3 Maschen vor Ende der Nadel stricken, dann 2 Maschen rechts zusammenstricken. Bei der 2. Nadel die 2. Masche rechts abheben, 1 Masche rechts stricken und die abgehobene Masche überziehen. Die Abnahme bei der 3. Nadel wie bei der 1., bei der 4. Nadel wie bei der 2. Nadel arbeiten. Diese Abnahmen in jeder Runde wiederholen, bis noch 8 Maschen übrig sind. Diese Maschen mit dem Arbeitsfaden fest zusammenziehen und den Faden vernähen.
Die 15 Daumenmaschen auf 3 Nadeln verteilen, aus den 5 neu angeschlagenen Maschen 5 Maschen herausstricken (= 20 Maschen) und über alle Maschen glatt rechts stricken. In der 2. und 4. Runde die Abnahmen über den 5 neu angeschlagenen Maschen wie beim Zwickel des Fäustlings arbeiten (= 16 Maschen). In Daumenlänge immer 2 Maschen rechts zusammenstricken, bis noch 4 Maschen übrig sind. Diese Maschen mit dem Arbeitsfaden fest zusammenziehen und den Faden vernähen.
Das Bündchen ca. 4 cm breit nach außen umschlagen. Auf den Rand mit der Häkelnadel Nr. 3,5 und einfachem Faden in Email 1 Runde Krebsmaschen häkeln, dabei für den Riegel auf der vorletzten Masche vor der Handkante 12 Luftmaschen häkeln, zurück in die 5.-letzte Masche stechen und 7 feste Maschen auf den Kettenanfang häkeln. Den Knopf annähen und den Riegel anknöpfen.
Die Blüte entsprechend der Vorlage mit Kettenstichen in Wollweiß auf den Handschuh sticken. Zwischen die Blütenblätter lange Wickelstiche, in die Blütenmitte einen Knötchenstich in Email sticken.
Den rechten Handschuh gegengleich stricken, das heißt für den Daumenzwickel die 2. Masche der 4. Nadel markieren.

# Herrenmütze

Kopfweite ca. 54 cm

### Das wird gebraucht

Je 100 g *Schachenmayr Trachtenwolle* (LL 185 m/100 g), anthrazit mouliné (Fb 84) und email meliert (Fb 98)
Stricknadeln Nr. 6
Rundstricknadel Nr. 6
Häkelnadel Nr. 4
Münzknopf (*Fellmann*, Art. 9657)

### Maschenprobe

14 Maschen/23 Reihen oder Runden im Grundmuster mit doppeltem Faden (Nadeln Nr. 6) = 10 x 10 cm

### Strickmuster

**Grundmuster:** Mit doppeltem Faden stricken.
1. Reihe (Hinreihe): Rechte Maschen stricken.
2 Reihe: 1 Masche rechts, 1 Masche links im Wechsel stricken.
Die 1. und 2. Reihe stets wiederholen.

### So wird's gemacht

66 Maschen mit Nadeln Nr. 6 in Anthrazit anschlagen und im Grundmuster stricken. In 15 cm Höhe in einer Rückreihe die 8. Masche, dann 3 x die jeweils folgende 16. Masche markieren und vor sowie nach den markierten Maschen je 2 Maschen links zusammenstricken. Diese Abnahmen in jeder Rückreihe noch 5 x wiederholen.

Die restlichen Maschen mit dem Arbeitsfaden fest zusammenziehen und die Naht schließen.
Die Aufschläge mit doppeltem Faden in Email stricken: Mit der Rundstricknadel beidseitig der Naht je 20 Maschen (= 40 Maschen) aufnehmen und 3 cm im Grundmuster stricken. Dann 3 Maschen abketten, 14 Maschen stricken, 6 Maschen abketten, 14 Maschen stricken und 3 Maschen abketten und beide Aufschläge getrennt beenden. Noch 5 cm im Grundmuster stricken. Dann beidseitig in jeder 2. Reihe 3 x 1 Masche und die restlichen 8 Maschen abketten. Für den dritten Aufschlag in der vorderen Mitte 21 Maschen aufnehmen und 5 cm im

Grundmuster stricken. Dann beidseitig in jeder 2. Reihe 3 x 1 Masche und die restlichen 15 Maschen abketten.
Die gesamte Unterkante (mit Aufschlägen) mit 2 Runden fester Maschen und 1 Runde Krebsmaschen (= feste Maschen von links nach rechts) umhäkeln. Die Aufschläge nach oben umschlagen und annähen. Den Knopf auf die rechte Seite des vorderen Aufschlags nähen. Eine 24 cm lange Luftmaschenkette mit doppeltem Faden in Email meliert häkeln, zur Schleife binden und an die Mützenspitze nähen. Den Münzknopf auf die linke Ecke des vorderen Aufschlags nähen.

### Maschenprobe

17 Maschen/25 Reihen = 10 x 10 cm

### Strickmuster

**Glatt rechts:** In Reihen Hinreihen rechts, Rückreihen links stricken. In Runden jede Runde rechts stricken.
**Bordüren:** Glatt rechts in Jacquardtechnik nach Zählmuster A und B stricken.

# Damenmütze im Ethno-Stil

Kopfweite ca. 52 – 56 cm
Mützenhöhe ca. 19,5 cm

***Folklore ist und bleibt ein beliebtes Modethema – hier für eine pfiffige Mütze mit klassischer Mäanderbordüre und warmen Ohrenklappen.***

### Das wird gebraucht

Je 50 g *Schachenmayr Mohana* (LL 100 m/50 g), natur (Fb 02), borke (Fb 10), grau (Fb 95), email (Fb 98)
Stricknadeln Nr. 4 – 5
Nadelspiel Nr. 4 – 5
Häkelnadel Nr. 4 – 5

Zählmuster A: 1 x die 1. – 18. Runde stricken.
Zählmuster B: 1 x die 1. – 10. Runde stricken.

## Zählmuster A

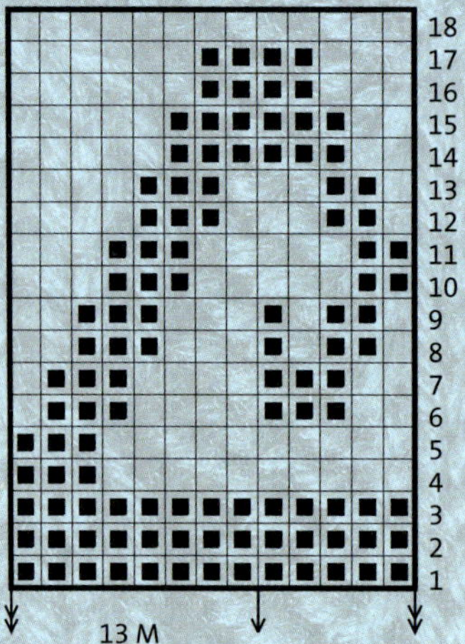


## Zählmuster B

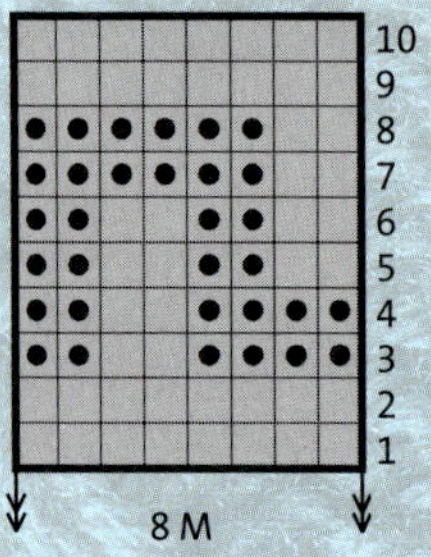


## Zeichenerklärung

- = 1 Masche natur
- = 1 Masche borke
- = 1 Masche grau
- = 1 Masche email

## So wird's gemacht

Beginnen Sie mit den Ohrenklappen. Dafür 3 Maschen in Grau anschlagen und in Reihen glatt rechts stricken. Dabei beidseitig 9 x in jeder 2. Reihe je 1 Masche zunehmen (= 21 Maschen). In etwa 9,5 cm Höhe (nach 24 Reihen) die Maschen stilllegen. Die 2. Ohrenklappe ebenso arbeiten.
Nun die Mütze glatt rechts in Runden weiterstricken. Rundenbeginn ist in der hinteren Mitte. Mit dem Nadelspiel 8 Maschen in Borke anschlagen, die 21 Maschen der 1. Ohrenklappe stricken, 34 Maschen anschlagen, die 21 Maschen der 2. Ohrenklappe stricken und 7 Maschen anschlagen (= 91 Maschen). In Runden weiterstricken. 18 Runden nach Zählmuster A arbeiten, dabei beim einfachen Pfeil beginnen, und 10 Runden nach Zählmuster B arbeiten, dabei in der 1. Runde verteilt 3 x 2 Maschen rechts zusammenstricken (= 88 Maschen). Dann 5 Maschen in Grau und 3 Maschen in Natur im Wechsel stricken, dabei in der 4. Runde die jeweils letzten 2 grauen Maschen rechts zusammenstricken (= 77 Maschen) und 4 Maschen in Grau, 3 Maschen in Natur im Wechsel stricken. Diese Abnahmen noch 3 x in jeder 4. Runde wiederholen (= 44 Maschen) und 1 Masche in Grau, 3 Maschen in Natur im Wechsel stricken. In der folgenden 4. Runde, dann in der folgenden Runde die jeweils letzten 2 Maschen in Natur rechts zusammenstricken (= 22 Maschen). Diese Maschen mit doppeltem Faden zusammenziehen, Faden vernähen. Den unteren Rand mit 1 Runde festen Maschen in Natur umhäkeln.

# Klassische Damenmütze und Rippenschal

Schal: ca. 38 cm breit und 150 cm lang
Mütze: ca. 54 – 56 cm Kopfweite

*Diese klassische Kombination kommt garantiert nie aus der Mode! Mütze und Schal – farblich passend zu Ihrem Anorak oder Mantel – sind auch für Ungeübte ganz leicht zu stricken.*

## Das wird gebraucht

**Für den Schal:**
350 g *Schachenmayr Kent* (LL 100 m/50 g), nebel tweed (Fb 81)
Stricknadeln Nr. 4,5 – 5,5
Häkelnadel Nr. 4 – 5
Sticknadel Nr. 18 ohne Spitze
**Für die Mütze:**
100 g *Schachenmayr Kent*, nebel tweed (Fb 81)
Nadelspiel Nr. 4,5 – 5,5

## Maschenprobe

16 Maschen/26 Reihen oder Runden glatt rechts = 10 x 10 cm

## Strickmuster

**Glatt rechts:** In Runden jede Runde rechts stricken.
**Rippenmuster A** (Schal): Maschenzahl teilbar durch 12 + 4 Maschen + 2 Randmaschen.
1. Reihe: Randmasche, 1 Masche rechts, 1 Hebemasche (= 1 Masche rechts abheben, der Faden liegt hinter der Masche), 6 Maschen rechts, dann 6 Maschen links, 6 Maschen rechts im Wechsel stricken, enden mit 8 Maschen links, Randmasche.
2. Reihe: Wie die 1. Reihe stricken, aber die Hebemaschen links stricken.
Die 1. und 2. Reihe stets wiederholen.
**Rippenmuster B** (Mütze): In Runden

3 Maschen rechts, 3 Maschen links im Wechsel stricken.

### So wird's gemacht

#### Schal

66 Maschen anschlagen und 150 cm (390 Reihen) im Rippenmuster A stricken. Alle Maschen abketten.
22 Quasten herstellen: Für das Köpfchen um einen doppelten Fadenring in der 1. Runde 3 Luftmaschen anstelle des 1. Stäbchens, dann 7 Stäbchen und 1 Kettmasche um die Anfangs-Luftmasche häkeln. Den Faden abschneiden und damit Vorstiche durch die Stäbchen sticken. 8 ca. 32 cm lange Fäden mittig zusammenlegen und in der Mitte fest abbinden. Das Köpfchen über die Abbindung stülpen. Die Stäbchen zusammenziehen, Faden vernähen. Den doppelten Fadenring des Köpfchens zusammenziehen und die Quaste annähen. An den Anschlag und Abkettrand jeweils 11 Quasten nähen.

#### Mütze

84 Maschen mit dem Nadelspiel anschlagen (= 21 Maschen pro Nadel) und für den Umschlag 14 cm im Rippenmuster B stricken. Glatt rechts weiterstricken. Nach 5 cm ab dem Umschlag jede 14. Masche markieren und mit der Masche davor rechts zusammenstricken. Noch 2 x in der 3. Runde, 4 x in jeder 2. Runde und 5 x in jeder Runde jede bezeichnete Masche mit der Masche davor rechts zusammenstricken. Die restlichen 12 Maschen mit doppeltem Faden zusammenziehen. Faden vernähen. Den Umschlag zur Hälfte nach außen umlegen.

# Zipfelmütze mit Kuh-Applikation

Kopfweite ca. 56 cm

*Tracht ist längst keine bierernste Angelegenheit mehr. Ein Beispiel für den neuen, ungezwungenen Umgang mit traditionellen Elementen ist die witzige Zipfelmütze.*

### Das wird gebraucht

Je 100 g *Schachenmayr Trachtenwolle* (LL 185 m/100 g), sisal meliert (Fb 11) und loden (Fb 71)
1 Lederherz mit Metallmotiv »Kuh« (*Seco*, Art. 98056)
Stricknadeln Nr. 4
Sticknadel Nr. 18 ohne Spitze

### Maschenprobe

19 Maschen/29 Reihen glatt rechts und im Grundmuster = 10 x 10 cm

### Strickmuster

**Bündchenmuster:** Maschenzahl teilbar durch 4 + 2 Randmaschen.
1. Reihe (Rückreihe): Randmasche,* 1 Masche rechts, 2 Maschen links, 1 Masche rechts, ab * fortlaufend wiederholen, Randmasche.
2. Reihe: Randmasche, * 1 Masche links, 2 Maschen nach rechts verkreuzen (1 Masche auf einer Hilfsnadel hinter die Arbeit legen, 1 Masche rechts, dann die Masche der Hilfsnadel rechts stricken oder vor der Arbeit zunächst die 2. Ma-

sche rechts stricken, dann die 1. Masche rechts stricken, dann die 2 Maschen von der linken Nadel gleiten lassen), 1 Masche links, ab * fortlaufend wiederholen, Randmasche.
3. Reihe: Wie die 1. Reihe stricken.
Nach der 1. Reihe die 2. und 3. Reihe stets wiederholen.
**Grundmuster:** Siehe Strickschrift. Es sind nur die Hinreihen gezeichnet, in den Rückreihen alle Maschen links stricken.
**Glatt rechts:** In Hinreihen rechte, in Rückreihen linke Maschen stricken.

### Strickschrift

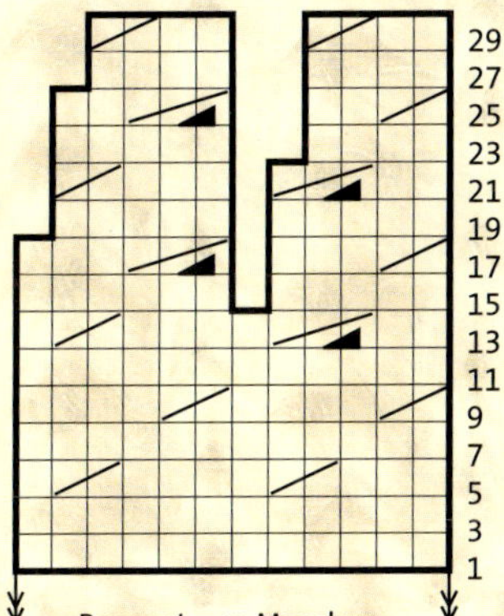


Rapport = 12 Maschen

### Zeichenerklärung

- ☐ = 1 rechte Masche
- = 1 Masche mit einer Hilfsnadel hinter die Arbeit legen, 1 Masche rechts, dann die Masche der Hilfsnadel rechts stricken
- = 2 Maschen mit einer Hilfsnadel hinter die Arbeit legen, 1 Masche rechts, dann die Maschen der Hilfsnadel rechts zusammenstricken

### So wird's gemacht

122 Maschen in Loden anschlagen und 8 cm im Bündchenmuster stricken. Dann in Sisal zwischen den Randmaschen nach der Strickschrift arbeiten.

Nach der 25. Reihe sind noch 82 Maschen auf der Nadel. Nach den 30 Reihen glatt rechts weiterarbeiten, dabei nach 2 Reihen verteilt 10 x je 2 Maschen rechts zusammenstricken. Diese Abnahmen in jeder 2. Reihe noch 5 x wiederholen (= 22 Maschen). Weiter nach 4 Reihen 4 x 2 Maschen rechts zusammenstricken und diese Abnahmen in jeder 4. Reihe noch 3 x wiederholen. Über die restlichen 6 Maschen 2 cm glatt rechts stricken, in der folgenden Reihe 2 x 2 Maschen rechts zusammenstricken und 2 cm glatt rechts stricken. Die restlichen 4 Maschen mit dem Arbeitsfaden fest zusammenziehen und den Faden vernähen. Einen Pompon in Sisal und Loden anfertigen (siehe Profi-Tipp, vordere Umschlaginnenseite). Die Mützennaht schließen, den Pompon an die Mützenspitze nähen.
Spitze umklappen und so an die Mütze nähen, dass die letzten 4 cm der Spitze sowie der Pompon unterhalb des Bündchens hängen. Kuh-Herz annähen.

**• Tipp •**

**Für Quasten**
Kartonstreifen, etwas breiter als Quaste lang sein soll, mit Garn umwickeln, bis gewünschte Dicke erreicht ist. Auf einer Seite einen Faden unter den Garnwicklungen durchziehen. Quaste oben abbinden und Fäden an der Unterkante des Kartons durchziehen. Quaste 1 cm unterhalb der Spitze abbinden, alle Fäden verknoten, in der Quaste verwahren und einen Faden zum Annähen hängen lassen.

# Stirnbänder für die ganze Familie

*Wenn's mit Mütze zu warm, aber ohne zu kalt ist, kommt die große Zeit der Stirnbänder. Unter den Vorschlägen mit Jacquardbordüre, plastischem Muster oder einfachem Streifendekor findet sicher jeder sein Lieblingsmodell.*

# Stirnband mit Norwegersternen

Kopfumfang 50 – 54 cm

### Das wird gebraucht

Je 50 g *Schachenmayr Regia* 8-fädig (LL 100 m/50 g), königsblau (Fb 2000) und weiß (Fb 2080)
Stricknadeln Nr. 4,5

### Maschenprobe

22 Maschen/25 Reihen im Norwegermuster = 10 x 10 cm

### Strickmuster

**Rippenmuster:** 1 Masche links, 1 Masche rechts im Wechsel stricken.
**Glatt rechts:** In Hinreihen rechte, in Rückreihen linke Maschen stricken.
**Norwegermuster:** Glatt rechts laut Zählmuster in Norwegertechnik mit mehreren Knäueln arbeiten; dabei den unbenutzten Faden stets locker auf der Rückseite der Arbeit mitführen.

### Zählmuster

Die 1. – 14. Reihe stets wiederholen.

| | | | | | | | | | | | | | | | | | | | | | |
|---|---|---|---|---|---|---|---|---|---|---|---|---|---|---|---|---|---|---|---|---|---|
| R | × | | × | | | | | | × | | × | | | | | | × | | × | R | 14 |
| R | × | | | × | | | × | | | × | | | × | | | × | | | × | R | 13 |
| R | × | | | | × | | × | × | | | | × | × | | × | | | | × | R | 12 |
| R | × | | | | | | × | × | × | | × | × | × | | | | | | × | R | 11 |
| R | × | | | × | × | × | | × | × | | × | × | | × | × | × | | | × | R | 10 |
| R | × | × | | | × | × | × | | × | | × | | × | × | × | | | × | × | R | 9 |
| R | × | | × | | | × | × | × | | × | | × | × | × | | | × | | × | R | 8 |
| R | × | | | × | | | | | × | | × | | | | | × | | | × | R | 7 |
| R | × | | × | | | × | × | × | | × | | × | × | × | | | × | | × | R | 6 |
| R | × | × | | | × | × | × | | × | | × | | × | × | × | | | × | × | R | 5 |
| R | × | | | × | × | × | | × | × | | × | × | | × | × | × | | | × | R | 4 |
| R | × | | | | | | × | × | × | | × | × | × | | | | | | × | R | 3 |
| R | × | | | | × | | × | × | | | | × | × | | × | | | | × | R | 2 |
| R | × | | | × | | | × | | | × | | | × | | | × | | | × | R | 1 |

### Zeichenerklärung

[R] = Randmasche
[ ] = 1 Masche königsblau
[×] = 1 Masche weiß
1 Kästchen entspricht einer Masche und einer Reihe.

### So wird's gemacht

21 Maschen in Königsblau anschlagen und im Norwegermuster stricken. Nach 50 cm (= 126 Reihen ab Anschlag) die

Maschen im Maschenstich an den Anschlagrand nähen. Für die seitlichen Blenden je 6 Maschen in Königsblau anschlagen und im Rippenmuster stricken. Nach 50 cm ab Anschlag die Maschen im Maschenstich an den Anschlagrand nähen. Die Blenden beidseitig an das Stirnband nähen.

# Stirnband im Jacquardmuster

Kopfumfang 52 – 56 cm

## Das wird gebraucht

Je 50 g *Schachenmayr Regia* 6-fädig (LL 125 m/50 g), königsblau (Fb 2000) und weiß (Fb 2080)

Nadelspiel Nr. 3,5

## Maschenprobe

22 Maschen/30 Runden glatt rechts = 10 x 10 cm

## Strickmuster

**Glatt rechts:** In Runden nur rechte Maschen stricken.

**Glatt links:** In Runden nur linke Maschen stricken.

**Jacquardmuster:** Glatt rechts laut Zählmuster in Norwegertechnik mit mehreren Knäueln arbeiten, dabei den unbenutzten Faden stets locker auf der Arbeitsrückseite mitführen. Den Mustersatz (MS) stets wiederholen.

## So wird's gemacht

116 Maschen in Weiß anschlagen und auf 4 Nadeln verteilen (= 29 Maschen pro Nadel). Wie folgt stricken: 10 Runden glatt rechts in Weiß, 1 Runde rechte Maschen und 9 Runden glatt links in Königsblau, 21 Runden Jacquardmuster, 1 Runde rechte Maschen und 9 Runden glatt links in Königsblau, 10 Runden glatt rechts in Weiß. Nun die Maschen im Maschenstich an den Anschlagrand nähen.

## Zählmuster

| | | | | |
|---|---|---|---|---|
| | | | | 21 |
| | | | | 20 |
| | × | | | 19 |
| × | × | × | | 18 |
| | × | | | 17 |
| × | × | × | × | 16 |
| | | | × | 15 |
| × | | × | | 14 |
| | × | | | 13 |
| | | | × | 12 |
| × | | × | × | 11 |
| | | | × | 10 |
| | × | | | 9 |
| × | | × | | 8 |
| | | | × | 7 |
| × | × | × | × | 6 |
| | × | | | 5 |
| × | × | × | | 4 |
| | × | | | 3 |
| | | | | 2 |
| | | | | 1 |

## Zeichenerklärung

☒ = 1 Masche in Königsblau

☐ = 1 Masche in Weiß

1 Kästchen entspricht einer Masche und einer Runde.

# Blau meliertes Stirnband

Kopfumfang 48 – 52 cm

## Das wird gebraucht

50 g *Schachenmayr Regia* 4-fädig color (LL = 210 m/50 g), blau meliert (Fb 5045)
Stricknadeln Nr. 3
Nadelspiel Nr. 3

## Maschenprobe

50 Maschen/40 Reihen im Rippenmuster = 10 x 10 cm

## Strickmuster

**Rippenmuster:** 1 Masche links, 1 Masche rechts im Wechsel stricken.
**Glatt links:** In Runden nur linke Maschen stricken.

## So wird's gemacht

31 Maschen anschlagen und im Rippenmuster stricken. Nach 46 cm ab Anschlag die Maschen im Maschenstich an den Anschlagrand nähen. Aus den seitlichen Rändern je 128 Maschen auffassen, auf 4 Nadeln verteilen (= 32 Maschen pro Nadel) und 8 Runden glatt links stricken. Dann alle Maschen abketten.

# Stirnband mit Rautenmuster

Kopfumfang 52 – 56 cm

### Das wird gebraucht

100 g *Schachenmayr Mega* (LL 100 m/100 g), silber (Fb 90) oder jeans (Fb 52)
Stricknadeln Nr. 6 – 7
Nadelspiel Nr. 5 – 6

### Maschenprobe

14 Maschen/18 Reihen glatt rechts = 10 x 10 cm

### Strickmuster

**Glatt links:** In Hinreihen linke, in Rückreihen rechte Maschen stricken.
**Rautenmuster:** Über 14 Maschen in Hinreihen nach der Strickschrift stricken. In Rückreihen die Maschen stricken, wie sie erscheinen.
Die 1. – 18. Reihe stets wiederholen.
**Kraus:** Jede Reihe rechts stricken.

### So wird's gemacht

18 Maschen mit Nadeln Nr. 6 – 7 anschlagen und die Randmasche, 1 Masche glatt links, 14 Maschen Rautenmuster, 1 Masche glatt links und die Randmasche stricken. Nach 47 cm (90 Reihen = 5 Höhenrapporte) alle Maschen abket-

ten. Anschlag und Abkettrand zusammennähen. Aus den äußeren Rändern je 65 Maschen mit dem Nadelspiel Nr. 5 – 6 auffassen und 3 Runden kraus stricken. Alle Maschen abketten.

## Strickschrift Rautenmuster

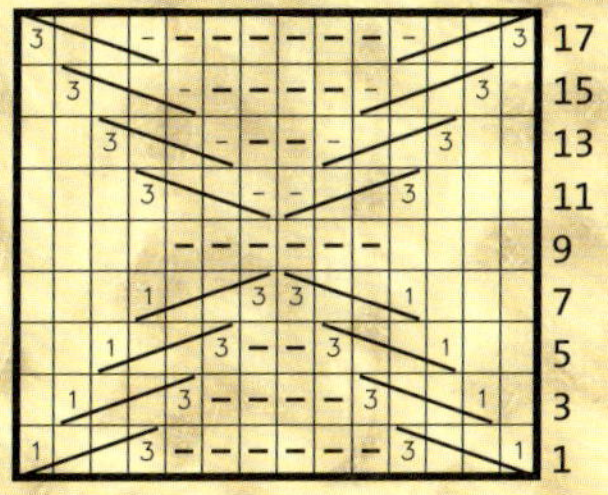

## Zeichenerklärung

 = 1 rechte Masche

 = 1 linke Masche

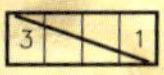 = 3 Maschen auf einer Hilfsnadel vor die Arbeit legen, 1 Masche rechts, dann die Maschen der Hilfsnadel rechts stricken

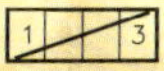 = 1 Masche auf einer Hilfsnadel hinter die Arbeit legen, 3 Maschen rechts, dann die Masche der Hilfsnadel rechts stricken

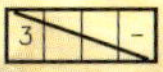 = 3 Maschen auf einer Hilfsnadel vor die Arbeit legen, 1 Masche links, dann die Maschen der Hilfsnadel rechts stricken

 = 1 Masche auf einer Hilfsnadel vor die Arbeit legen, 3 Maschen rechts, dann die Masche der Hilfsnadel links stricken

# Mützen für Vater und Sohn

Herrenmütze: Kopfumfang 56 – 58 cm
Kindermütze: Kopfumfang 42 cm (ungedehnt, nach dem Bündchen; passend für einen Kopfumfang von ca. 52 cm)

***Wenn der Vater mit dem Sohne eine Wanderung macht, halten diese Mützen in verschiedenen Blautönen zuverlässig warm.***

## Das wird gebraucht

**Für die Herrenmütze:**
50 g *Schachenmayr Kent* (LL 100 m/50 g), jeans tweed (Fb 87)
Je 50 g *Schachenmayr Universa* (LL 125 m/50 g), marine (Fb 50) und jeans (Fb 57)
**Für die Kindermütze:**
50 g *Schachenmayr Kent*, jeans tweed (Fb 87)
Je 50 g *Schachenmayr Universa*, rauchblau (Fb 54) und jeans (Fb 57)
Stricknadeln Nr. 4,5 – 5,5
Nadelspiel Nr. 4,5 – 5,5

**Hinweis:** Das Universa-Garn wird jeweils mit doppeltem Faden (beide Farben gemeinsam) verstrickt, das Kent-Garn mit einfachem Faden.

## Maschenprobe

16 Maschen/32 Reihen (= 16 Rippen) kraus rechts mit Kent = 10 x 10 cm

## Strickmuster

**Bündchenmuster:** 2 Maschen rechts, 2 Maschen links im Wechsel stricken.
**Kraus rechts:** In Reihen alle Maschen rechts stricken.

## So wird's gemacht

Die Angaben für die Herrenmütze stehen vor dem Schrägstrich, die für die Kindermütze dahinter. Steht nur eine Angabe, so gilt sie für beide Größen.
92/68 Maschen in Universa mit doppeltem Faden (marine und jeans/rauchblau und jeans) anschlagen und auf 4 Nadeln verteilen (= 23/17 Maschen pro Nadel). 8 cm in Runden im Bündchenmuster stricken und in der letzten Runde verteilt 2 Maschen abnehmen (= 90/66 Maschen).
In hin- und hergehenden Reihen weiterstricken und die Arbeit in 6 gleich große Abschnitte aufteilen (= 15/11 Maschen je Teil). In Intarsientechnik im Farbwechsel (Universa mit doppeltem, Kent mit einfachem Faden) kraus rechts weiterstricken und beim Farbwechsel jeweils die Fäden verkreuzen, damit keine Löcher entstehen. 13 Rippen (= 26 Reihen) gerade hoch stricken, dann in jedem der 6 Abschnitte 2 Maschen abnehmen (jeweils die 2. und 3. sowie die 2.- und 3.-letzte Masche rechts zusammenstricken).
Für die Herrenmütze noch 1 x nach 4 Rippen, 2 x nach je 2 Rippen und 2 x in

jeder Rippe auf dieselbe Weise 2 Maschen je Abschnitt abnehmen. Für die Kindermütze 1 x nach 4 Rippen und 2 x nach je 3 Rippen jeweils 2 Maschen auf die beschriebene Weise abnehmen.
Für die letzten Abnahmen die mittleren 3 Maschen rechts überzogen zusammenstricken; dafür die 1. Masche abheben, die beiden folgenden Maschen rechts zusammenstricken und die abgehobene Masche darüber ziehen. Die letzten 18 Maschen mit doppeltem Faden zusammenziehen und den Faden vernähen.
Für die Kindermütze einen Pompon in Jeans tweed anfertigen (siehe Profi-Tipp, vordere Umschlaginnenseite) und auf die Mütze nähen.

# Kinder-Kombination mit Jacquardmuster

Mütze: Kopfumfang ca. 52 – 54 cm,
Länge ca. 65 cm
Schal: ca. 16 cm breit und 117 cm lang
Handschuhe: Größe 5

***Damit kommen die Kleinen ganz groß raus: Die Mütze ist modisch lang und den Schal zieren zwei dicke Pompons. Die fröhlichen Farben wiederholen sich auf den Fausthandschuhen.***

## Das wird gebraucht

*Schachenmayr Extra superweich*
(LL 125 m/50 g) in folgenden Mengen und Farben: 200 g rauchblau (Fb 3513), je 50 g weiß (Fb 3524), caramel (Fb 3638), anis (Fb 3635), pink (Fb 3517), birke (Fb 3634), viola (Fb 3633), schwarz (Fb 3521)
1 Nadelspiel Nr. 3 – 4

## Maschenprobe

22 Maschen/30 Runden = 10 x 10 cm

## Strickmuster

**Rippenmuster:** 3 Maschen rechts, 3 Maschen links im Wechsel stricken.
**Glatt rechts:** Jede Runde rechts stricken.
**Jacquardmuster:** Maschenzahl teilbar durch 6.
Glatt rechts jede Runde nach Zählmuster stricken, dabei den Rapport zwischen den Doppelpfeilen stets wiederholen.
Die 1. – 46. Runde stets wiederholen.

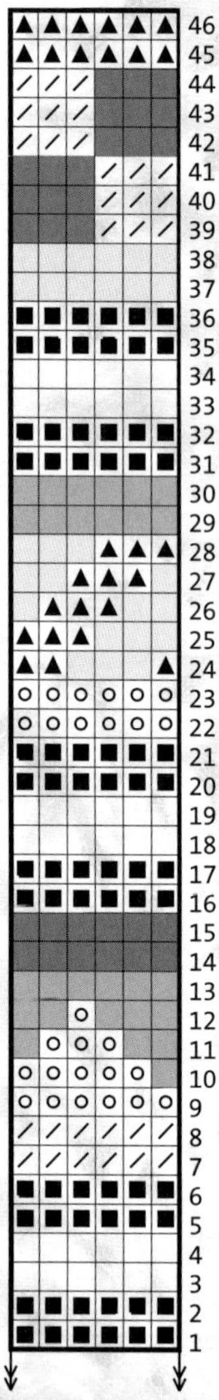

## Zählmuster

## Zeichenerklärung

= 1 Masche schwarz
= 1 Masche weiß
= 1 Masche birke
= 1 Masche caramel
= 1 Masche rauchblau
= 1 Masche viola
= 1 Masche anis
= 1 Masche pink

## So wird's gemacht

### Schal

72 Maschen in Schwarz auf 4 Nadeln verteilt anschlagen (= 18 Maschen pro Nadel) und glatt rechts 4 Runden in Schwarz, dann 7 x die 1. – 46. Runde und die 1. – 21. Runde des Jacquardmusters und 4 Runden Schwarz (= 351 Runden) stricken. Die Maschen der letzten Runde stilllegen. Alle Fäden vernähen und den Schal spannen. Danach die Maschen der letzten Runde und den Anschlagrand jeweils mit doppeltem Faden zusammenziehen. 2 Pompons in Rauchblau anfertigen (ca. 6 cm Ø; Anleitung siehe vordere Umschlaginnenseite) und an jedes Schalende einen Pompon nähen.

## Mütze

114 Maschen in Rauchblau auf 4 Nadeln verteilt anschlagen (1. und 3. Nadel je 29 Maschen, 2. und 4. Nadel je 28 Maschen) und für den Rand 12 cm im Rippenmuster stricken. Danach im Jacquardmuster weiterstricken. Nach 7 cm ab dem Rand bzw. in der 21. Runde 6 x jede 19. Masche mit der Masche davor rechts zusammenstricken (= 108 Maschen). Danach * 4 x in jeder 8. Runde und 2 x in jeder 7. Runde (das entspricht der 29., 37., 45, 7., 14. und wieder 21. Muster-Runde) verteilt 6 Maschen abnehmen und ab * so oft wiederholen, bis noch 12 Maschen übrig sind. Nach 53 cm (159 Runden bzw. 3 Höhenrapporte + die 1. – 21. Runde) ab dem Rand die restlichen 12 Maschen mit doppeltem Faden zusammenziehen. 1 Pompon in Rauchblau anfertigen (ca. 6 cm Ø; Anleitung siehe vordere Umschlaginnenseite) und an den Mützenzipfel nähen. Den Rand zur Hälfte nach außen umlegen.

## Fausthandschuhe

Rechter Handschuh: 36 Maschen in Rauchblau auf 4 Nadeln verteilt anschlagen (= 9 Maschen pro Nadel) und 10 cm im Rippenmuster stricken. Danach glatt rechts je 2 Runden in * Schwarz, Weiß, Schwarz, Birke, Caramel, * Rauchblau, Viola, Schwarz, Weiß, Schwarz, Caramel, Pink, Anis, Rauchblau, Schwarz, Weiß, Schwarz, Anis, Birke, Viola, Pink (= 42 Runden), dann noch 1 x die 10 Runden von * bis * stricken. Zugleich für den Daumenzwickel in der 4. Runde ab dem Bündchen vor und nach der 3. Masche der 1. Nadel je 1 Masche rechts verschränkt aus dem Querfaden stricken. Noch 2 x in jeder 3. Runde und 2 x in jeder 2. Runde vor und nach der zuvor zugenommenen Masche je 1 Masche ebenso zunehmen (= 11 Zwickelmaschen nach 14 Runden ab Bündchen)

Noch 2 Runden stricken, dann die 11 Zwickelmaschen stilllegen. Anstelle der stillgelegten Zwickelmaschen 5 Maschen für den Daumensteg neu anschlagen und in jeder 2. Runde die beiden ersten Stegmaschen rechts überzogen zusammenstricken (1 Masche abheben, 1 Masche rechts stricken und die abgehobene Masche darüber ziehen), die beiden letzten Stegmaschen rechts zusammenstricken, dann in der 2. Runde die letzten 3 Stegmaschen rechts überzogen zusammenstricken. Nun befinden sich wieder je 9 Maschen auf den Nadeln.

Nach 14 cm (42 Runden) ab Bündchen für die Spitze bei der 1. und 3. Nadel die 2. und 3. Masche rechts überzogen, bei der 2. und 4. Nadel die zweit- und drittletzte Masche rechts zusammenstricken. Diese Abnahmen noch 3 x in jeder 2. Runde und 3 x in jeder Runde wiederholen (= 8 Maschen). Die letzten 8 Maschen mit doppeltem Faden zusammenziehen.

**Daumen:** Aus dem Querfaden vor dem Daumensteg 1 Masche rechts verschränkt stricken, aus dem Daumensteg 5 Maschen auffassen, 1 Masche rechts verschränkt aus dem Querfaden nach dem Daumensteg stricken und die stillgelegten 11 Zwickelmaschen dazunehmen. Diese 18 Maschen auf 3 Nadeln verteilen und glatt rechts in Rauchblau stricken. In der 1. Runde die beiden Maschen vor dem Steg rechts verschränkt und die beiden Maschen nach dem Steg rechts zusammenstricken (= 16 Maschen). Nach ca. 4 cm Daumenhöhe für die Spitze in jeder Runde die beiden letzten Maschen jeder Nadel rechts zusammenstricken, bis 4 Maschen übrig sind. Diese Maschen mit doppeltem Faden zusammenziehen. Das Bündchen zur Hälfte nach außen umschlagen.

Den linken Handschuh gegengleich stricken und den Daumenzwickel beidseitig der drittletzten Masche der 4. Nadel beginnen.

**• Tipp •**

Auch ein einfarbiger Schal passt gut zu Mütze und Handschuhen in lebhaften Farben. Ein Beispiel sehen Sie auf dem Titelfoto dieses Buches. Für den 140 cm langen Schal benötigen Sie 250 g *Schachenmayr Extra* in Rauchblau (Fb 3513). Schlagen Sie 49 Maschen an und stricken Sie bis zur gewünschten Länge im Patentmuster. An den fertigen Schal können Sie nach Belieben Fransen anknüpfen oder selbst angefertigte Pompons an die Schmalseiten nähen (siehe Anleitung vordere Umschlaginnenseite).

Vollpatent: Ungerade Maschenzahl.
1. Reihe (= Rückreihe): Randmasche, * 1 Masche rechts, 1 Masche mit einem Umschlag links abheben.
Ab * wiederholen. 1 Masche rechts, Randmasche.

2. Reihe: Randmasche, * 1 Masche mit Umschlag links abheben, die folgende Masche mit dem Umschlag rechts zusammenstricken. Ab * wiederholen.
1 Masche mit Umschlag links abheben, Randmasche.

3. Reihe: Randmasche, * die Masche mit dem Umschlag rechts zusammenstricken, 1 Masche mit einem Umschlag links abheben. Ab * wiederholen. Die Masche mit dem Umschlag rechts zusammenstricken, Randmasche.

Die 2. und 3. Reihe stets wiederholen.

Die Deutsche Bibliothek – CIP-Einheitsaufnahme

Ein Titeldatensatz für diese Publikation ist bei
Der Deutschen Bibliothek erhältlich.

*Autorin und Verlag danken der Firma Schachenmayr, Salach, in der Coats GmbH für die freundliche Unterstützung. Besonderer Dank gilt Stefanie Frey, Tanja Steinbach und Gisela Klöpper, ohne deren Ideen, Fachwissen und Engagement dieses Buch nicht zustande gekommen wäre.*



Fotografie (außer Seite 11, 15, 17, 19, 29): Klaus Lipa, Diedorf bei Augsburg
Lektorat: Helene Weinold-Leipold, Aystetten
Entwürfe: Tanja Steinbach, Gisela Klöpper (beide Coats GmbH), Salach; Katharina Buss, Hamburg; Dorothea Neumann, Hamburg
Strickschriften und Grafiken: Gisela Klöpper, Salach; Katharina Buss, Hamburg
Umschlaggestaltung: Angelika Tröger
Reihenkonzeption: Kontrapunkt, Kopenhagen
Layout: Anton Walter, Gundelfingen

AUGUSTUS VERLAG, München 2000


Satz: DTP-Design Walter, Gundelfingen
Reproduktion: Repro Mayr, Donauwörth
Druck und Bindung: Offizin Andersen Nexö, Leipzig

Gedruckt auf 135 g umweltfreundlich chlorfrei gebleichtem Papier.

ISBN 3-8043-0810-4
Printed in Germany